Música Brasileira para Contrabaixo

Adriano Giffoni

Acompanha link com 90 trilhas gravadas.

Demonstrações e exercícios com ritmos brasileiros.

Nº Cat.: 344-M

Irmãos Vitale Editores Ltda.
vitale.com.br
Rua Raposo Tavares, 85 São Paulo SP
CEP: 04704-110 editora@vitale.com.br Tel.: 11 5081-9499

© Copyright 1997 by Irmãos Vitale Editores Ltda. - São Paulo - Rio de Janeiro - Brasil.
Todos os direitos autorais reservados para todos os países. *All rights reserved*.

Dados Internacionais de Catalogação na Publicação (CIP)
(Câmara Brasileira do Livro, SP, Brasil)

> Giffoni, Adriano
>   Música brasileira para contrabaixo : demonstrações e exercícios com ritmos brasileiros / Adriano Giffoni; coordenação de Luciano Alves. - São Paulo : Irmãos Vitale, 1997.
>
> ISBN 85-85188-90-1
> ISBN 978-85-85188-90-0
>
> 1. Contrabaixo - Música 2. Música brasileira
> I. Alves, Luciano. II. Título.
>
> 97-3589   CDD - 787.5

Índices para catálogo sistemático:
1. Música brasileira para contrabaixo 787.5

Produção geral e partituras
Luciano Alves

Revisão musical
Adriano Giffoni

Revisão de texto
Maria Elizabete Santos Peixoto

Fotos
Wilton Montenegro, Marcio RM, Sérgio Massaiti, Ana Cristina Ferreira e Mara Fernandes

Foto da capa
Ana Cristina Ferreira

Capa
Marcia Fialho

Produção executiva
Fernando Vitale

Piano
Gilson Peranzzetta

Sax e flauta
Afonso Claudio

Bateria e percussão
João Cortez

Técnico de gravação
Toninho Barbosa

Gravação
3D Digital Studio

Masterização
Luiz Tornaghi - Vison Digital

Agradeço a todos os baixistas que colaboraram com idéias para a realização deste livro.

A Luciano Alves, pela produção, e a Irmãos Vitale Editores por acreditar no potencial deste trabalho.

Aos *luthiers* José Eduardo Nascimento (Wood), Marcus Vinícius da Rocha (Elroi) e José Roberto do Carmo Júnior (Di Carmo), pela construção e manutenção dos meus instrumentos.

Aos músicos Gilson Peranzzetta, João Cortez e Afonso Claudio pela sensibilidade e musicalidade demonstradas na gravação dos exemplos nos áudios que acompanham esta publicação.

Dedico esse livro à minha família e aos meus mestres Jacques von Frasunkiewk, Tony Botelho, Sandrino Santoro e Zeca Assumpção.

Adriano Giffoni

Arquivos de áudio *play-a-long* em MP3 estão disponíveis para *download* gratuito em:

vitale.com.br/downloads/audios/344-M.zip

ou através do escaneamento do código abaixo:

Obs.: Caso necessário, instale um software de descompactação de arquivos.

ÍNDICE

Prefácio	7
Introdução	8
Sobre o Autor	9
Síncopes Brasileiras	11
Samba	13
Samba Partido Alto	15
Samba-*Funk*	18
Sambaião	20
Sambão	22
Samba-Canção	25
Slap no Samba	29
Afoxé	31
Baião	34
Ciranda	38
Xote	41
Maracatu	44
Frevo	47
Quadrilha	50
Slap na Música Brasileira	53
Baixo de Cinco Cordas na Música Brasileira	55

PREFÁCIO

A teoria diz que, em música, temos três elementos: melodia, harmonia e ritmo.

Porém, em música popular, um outro elemento passa a ser essencial: a linha do baixo.

O contrabaixo, ou o que quer que desempenhe aquele papel, passa então a ser a alma, a grande estrutura de um grupo musical.

Adriano Giffoni, com alma profunda de brasileiro e com a estrutura inerente aos grandes contrabaixistas, nos ensina os caminhos da linha do baixo da música mais bela do mundo.

Não é à toa que, quando penso em contrabaixo, o primeiro nome que me vem à cabeça é o de Adriano Giffoni.

Antonio Adolfo

INTRODUÇÃO

Neste livro, são apresentados oito estilos musicais brasileiros com suas acentuações características, diferenças de compasso e interpretação para o contrabaixo. Cada estilo tem sua origem rítmica detalhada, e os ritmos são exemplificados na pauta e nos áudios.

Como este é um trabalho de objetivos práticos, foram também incluídas sugestões de músicas do repertório nacional, que podem ser usadas como referência do ritmo abordado.

Para cada estilo, são demonstrados dez exemplos de condução para contrabaixo, em partituras e trilhas gravadas nos áudios, que devem ser utilizados como guia para o estudante praticar juntamente com a gravação, que possui, ainda, acompanhamentos de violão e percussão. Nos áudios, todas as contagens são de quatro tempos e a primeira trilha é para afinar o instrumento.

Além desses exemplos, estão escritas e gravadas treze músicas com melodia, harmonia e baixo, para se praticar em um contexto musical, juntamente com baixo, bateria, teclados, sax, flauta e percussão. Essas composições são de minha autoria (exceto Lagoa da Canoa e Ladeiras de Olinda, que são em parceria com Mário Alves). Nessas trilhas com músicas, o contrabaixo está no canal esquerdo, de forma que o estudante possa estudá-lo separadamente ou com a base, regulando o balanço do amplificador de áudio para a direita ou para a esquerda.

Por ter muitas variações, o capítulo de Samba foi dividido em seis segmentos, cada qual com seus repectivos exemplos, somando um total de trinta exemplos.

Este trabalho proporciona também um estudo de aplicação do contrabaixo na música brasileira, explorando figuras rítmicas típicas (síncopes) sobre as escalas maiores e menores.

Dois capítulos especias são dedicados à tecnica de *slap*: *slap* no samba e *slap* na música brasileira. Os exemplos foram criados a partir de elementos rítmicos da percussão brasileira e a simbologia adotada segue o padrão dos métodos de *slap* disponíveis.

Uma matéria inédita é apresentada ao final do livro. Trata-se da utilização do contrabaixo de cinco cordas na música brasileira, que é aqui introduzida, também, por intermédio de cinco exemplos, aplicados nos ritmos mostrados.

Diversos baixistas e compositores são citados pela contribuição que proporcionam ao aprimoramento, à divulgação e ao enriquecimento de nossa música.

Adriano Giffoni

SOBRE O AUTOR

Contrabaixista, compositor e arranjador, Adriano Giffoni nasceu em Quixadá, Ceará, em 1959. Estudou música no Conservatório da Universidade do Amazonas, na Universidade de Brasília e na Escola de Música de Brasília, com os professores Tony Botelho e Jaques Von Frasunkiewk. No Rio de Janeiro, estudou baixo acústico com Sandrino Santoro, baixo elétrico com Zeca Assumpção e arranjo com Ian Guest.

Possui três CDs lançados: Adriano Giffoni (1992), Madrugada Carioca (1994) e Contrabaixo Brasileiro (1997), todos pela gravadora Perfil Musical.

Tocou com diversos instrumentistas, tais como: Nivaldo Ornelas, Mauro Senise, Rildo Hora, Antonio Adolfo, Gilson Peranzzetta, Raul Mascarenhas, Nelson Faria e Dory Caymmi. Em 1987, participou do Festival Internacinal de Madrid (Espanha), acompanhando Toots Thielman e Sivuca.

Em 1988, realizou turnê pela Noruega, Suécia e Dinamarca, tocando música brasileira instrumental com Sivuca.

Participou de shows com Marcos Valle, Emílio Santiago, João Donato, Tim Maia, Edu Lobo e Maria Bethânia, com quem se apresentou no teatro Albert Hall de Londres (Inglaterra), em 1994, e no Festival Internacional de Montreux (Suíça), em julho de 1996.

Gravou com Elba Ramalho, Roberto Menescal, Gal Costa, Leila Pinheiro, Ângela Maria, Djavan, Ivan Lins, Leni Andrade e Joanna, entre outros. Participou dos song books de Tom Jobim, Dorival Caymmi, Vinícius de Moraes, Edu Lobo, Carlos Lira, Ary Barroso, Djavan e João Donato.

Integrou a Orquestra de Música Brasileira, sob a regência do Maestro Roberto Gnatalli, a Orquestra do Maestro Cipó, e participou da Orquestra Sinfônica da Escola de Música de Brasília e da Orquestra Tabajara, de Severino Araújo.

Foi professor da Escola Pró-Art RJ e participou do livro Brazilian Music Workshop, de Antonio Adolfo, que foi lançado nos Estados Unidos e na Europa.

Em outubro de 1994, ministrou cursos de prática de conjunto e de contrabaixo, no Musikconservatorium de Copenhague, Dinamarca.

SÍNCOPES BRASILEIRAS

A música brasileira é muito rica em variantes rítmicas e o baixista deve praticá-las conjuntamente com as escalas, repetindo cada célula rítmica e passando pelas notas disponíveis. Estudar escalas de forma rítmica contribui também para o desenvolvimento da técnica de saltos de posições e melhora a coordenação entre as mãos direita e esquerda.

Trilha 01 — Afinação padrão para diversos instrumentos: mi, lá, ré, sol, si e mi. Pratique os exercícios a seguir juntamente com os áudios.

Trilha 02

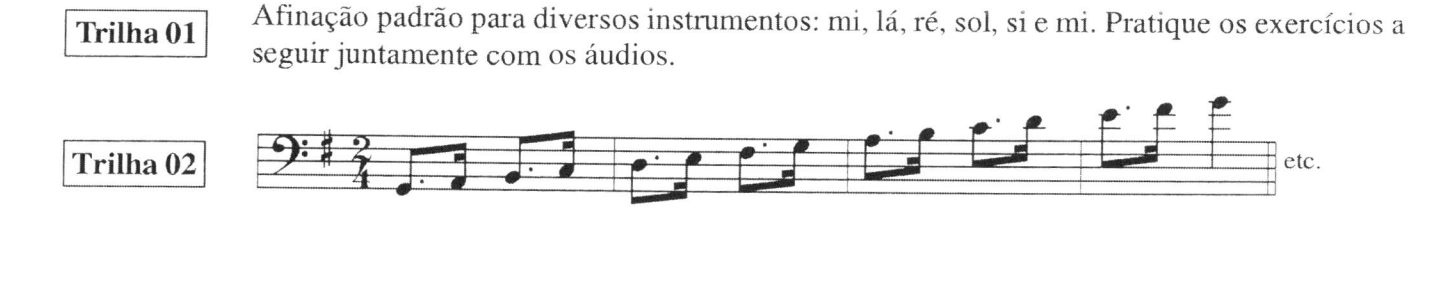

Trilha 03

Cada modelo rítmico proporciona saltos em diferentes pontos da escala, exigindo que o baixista tenha agilidade na mudança das notas. Esta condição técnica é muito importante para o bom desempenho em shows e gravações profissionais.

Exemplos de síncopes

Para tocar bem a música brasileira, é essencial conhecer e praticar as síncopes nas escalas. Exercite com os modelos rítmicos abaixo, em diversas escalas (maiores e menores), em todos os tons, na extensão de duas oitavas. Use um metrônomo para estudar este exercício em vários andamentos, começando pelo lento.

Padrões para condução de samba

Partindo da tônica, é possível criar diversas combinações nos demais graus do acorde, o que proporciona novas opções de condução de samba. Execute cada compasso quatro vezes, terminando na tônica.

Nos exemplos seguintes, o símbolo ⌒ indica o agudo, e o ↓ o grave.

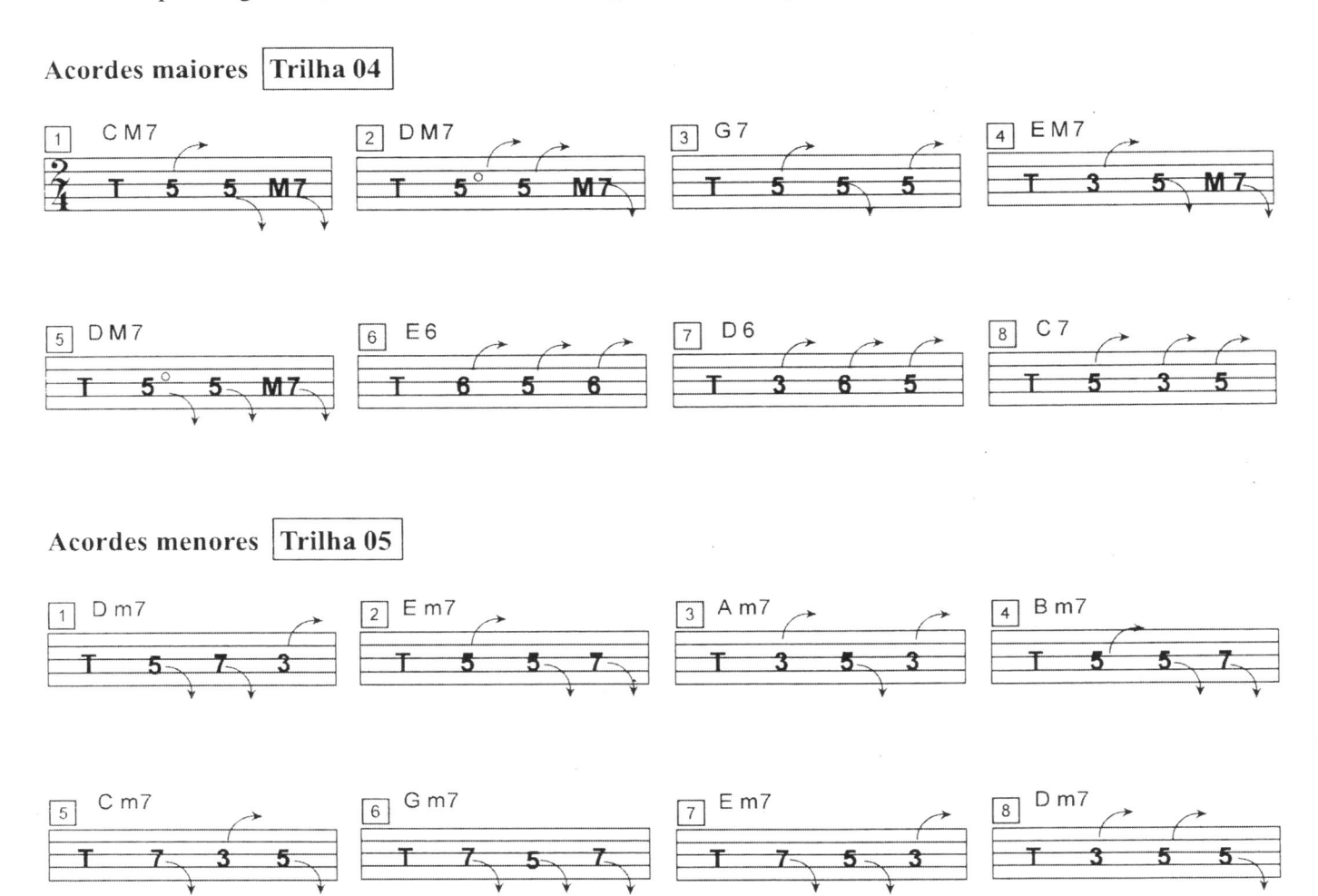

Acordes maiores Trilha 04

1 CM7	2 DM7	3 G7	4 EM7
T 5 5 M7	T 5° 5 M7	T 5 5 5	T 3 5 M7

5 DM7	6 E6	7 D6	8 C7
T 5° 5 M7	T 6 5 6	T 3 6 5	T 5 3 5

Acordes menores Trilha 05

1 Dm7	2 Em7	3 Am7	4 Bm7
T 5 7 3	T 5 5 7	T 3 5 3	T 5 5 7

5 Cm7	6 Gm7	7 Em7	8 Dm7
T 7 3 5	T 7 5 7	T 7 5 3	T 3 5 5

LUIZÃO MAIA
Baixista e compositor, participou de muitas gravações realizadas entre 1970 e 1990 e fez shows com diversos artistas da MPB como: Elis Regina, Chico Buarque, Sivuca, Martinho da Vila, Nara Leão, Antonio Adolfo e Brazuca, Vitor Assis Brasil, Helio Delmiro, Cesar Camargo Mariano, Paulinho Braga, Gal Costa e Dominguinhos, entre outros. Lançou um disco no Japão com sua Banda Banzai e Bebel Gilberto. Destacou-se no cenário das gravações devido à sua forma percussiva de tocar samba com muito swing e musicalidade, além de produzir, no baixo, um som muito "claro" e definido.

SAMBA

O samba é tocado no compasso 2/4 e uma de suas características mais marcantes é ter uma acentuação no segundo tempo.

Trilha 06

Esta é a divisão rítmica típica do samba e o baixista deve tocar a primeira e a última semicolcheias de cada tempo, usando a segunda e a terceira apenas como apoio, com notas mortas.

Trilha 07

A sonoridade do baixo deve ser aguda para não se confundir com a percussão. Já no estilo bossa-nova, a equalização pode ser mais grave e as notas devem ser executadas ligadas, com um toque leve da mão direita.

Existem vários tipos de samba e bossa-nova que estarão exemplificados neste livro: samba-*funk*, sambaião, partido alto, samba-canção e sambão. Será introduzido, também, o conceito de samba com a técnica de *slap*, usando notas mortas para simular o ritmo executado por instrumentos de percussão, bastante utilizados no samba.

Referências discográficas de samba   Aquarela do Brasil / Isso Aqui O Que É (Ary Barroso)
Leva Meu Samba / Mulata Assanhada (Ataulfo Alves)

Referências discográficas de bossa-nova   Garota de Ipanema / Wave (Tom Jobim)
Rio / O Barquinho (Menescal e Bôscoli)

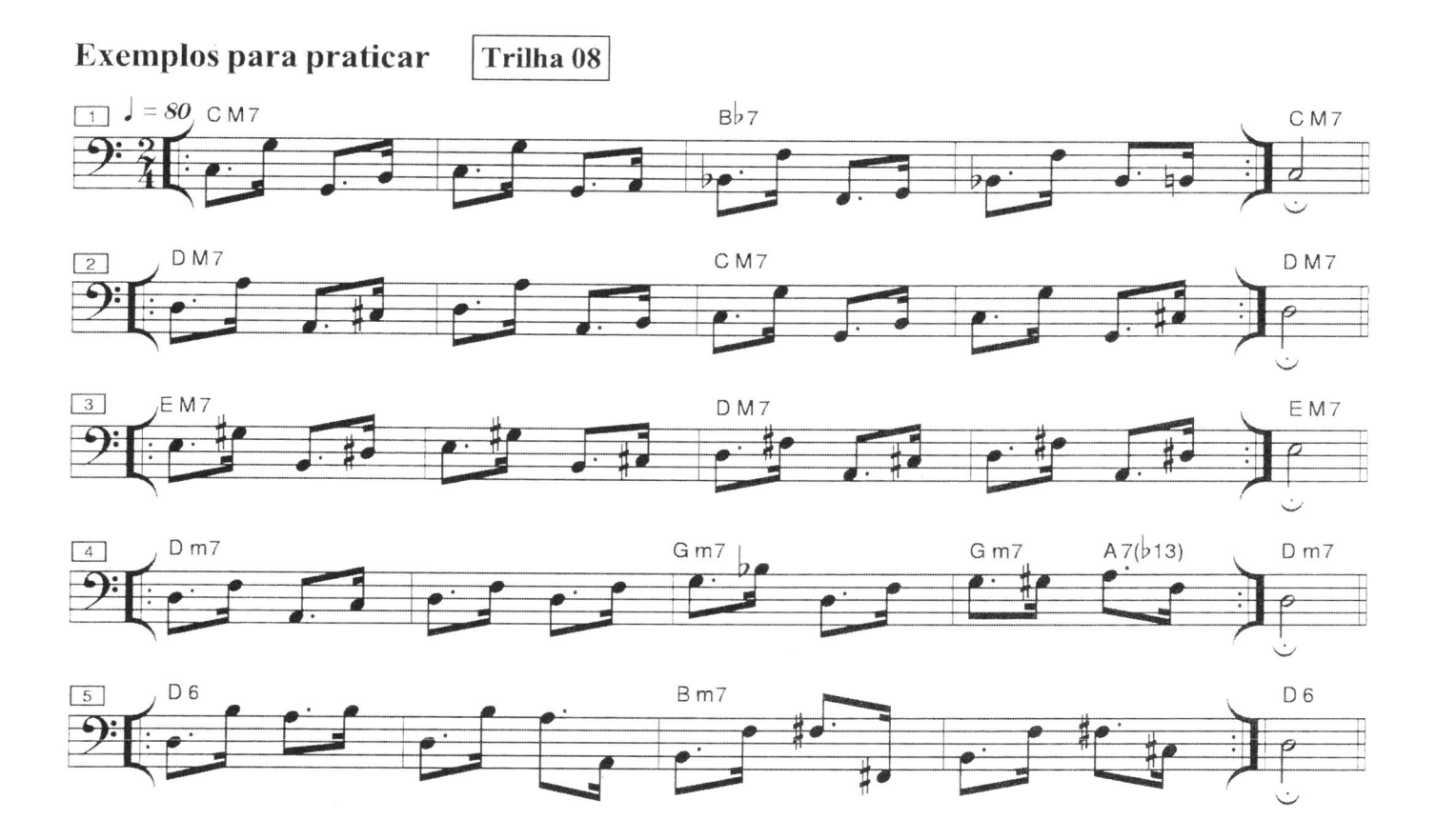

Exemplos para praticar   Trilha 08

13

Parangaba

Samba

ADRIANO GIFFONI

Samba Partido Alto

É o tipo de samba mais sincopado. A principal referência para o baixista é o toque de pandeiro, que é o condutor rítmico desse estilo e é executado de forma muito singular.

Trilha 10

O partido alto pode ser interpretado com pizzicato ou *slap*, e o baixista deve usar uma equalização aguda para proporcionar um bom efeito quando estiver tocando junto com a percussão. Para iniciar a condução, neste estilo, usam-se dois recursos importantes: a omissão do primeiro tempo do compasso ou a anacruze.

Trilha 11

As sétimas e quintas do acorde devem ser valorizadas (acentuadas) e, como já foi dito, em alguns casos, é possível omitir a tônica.

Trilha 12

Exemplos para praticar

Trilha 13

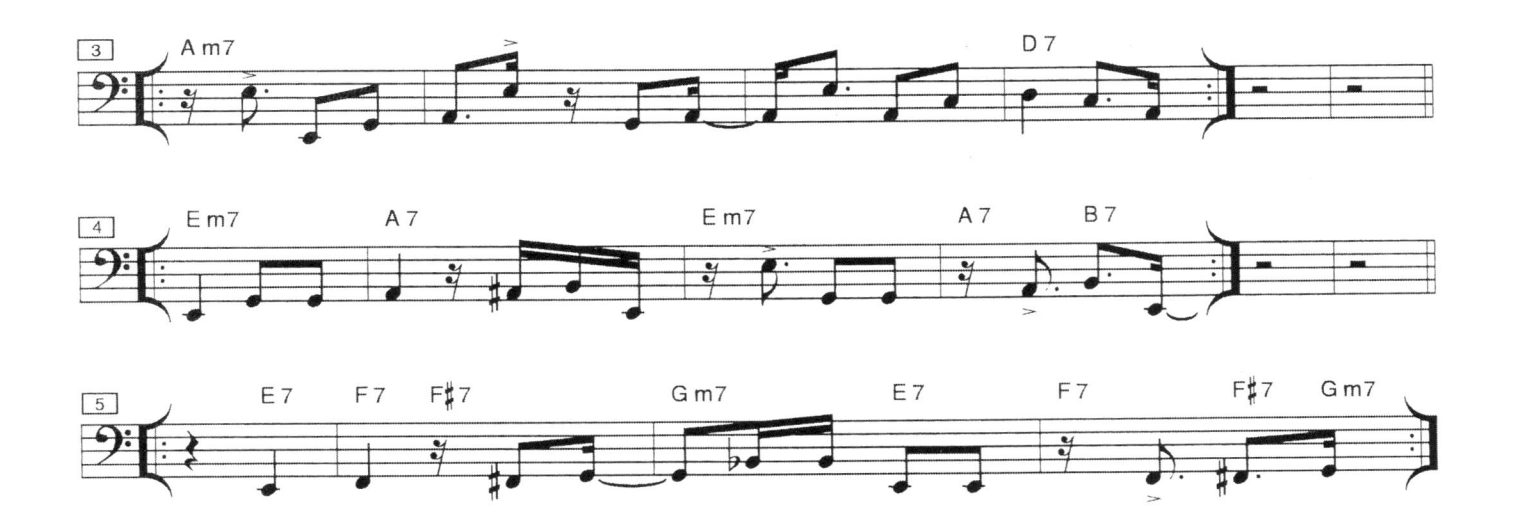

Nota: a ligadura na última nota do exemplo 4 indica que ao executar o ritornelo, a primeira nota (apesar de não possuir a continuidade da ligadura) não deve ser percutida. Esta é uma forma simplificada de notação.

Bom Partido

Samba Partido Alto

ADRIANO GIFFONI

© Copyright 1997 by PERFIL MUSICAL. - Rio de Janeiro - Brasil.
Todos os direitos autorais reservados para todos os países. All rights reserved.

E m7
G 7
C M7
B 7(♭9)
1.
E m7
A 7
E m7
A7(♯11)
2.
E m7
B♭7(♯11)
B
A m7
3
D 7
G M7
C M7
1.
F♯m7
B 7(♭9)
E 4
E 7
2.
F♯7
C M7
B 7
Ao
e
E m7
A 7
E m7

Samba-*Funk*

Este estilo, que mistura elementos do samba com o *funk*, surgiu principalmente com as bandas de baile dos subúrbios cariocas, alcançando muito sucesso por intermédio da banda Black Rio, liderada pelo saxofonista Oberdan Magalhães. O baixista desta banda foi Jamil Joanes que, além de ser um músico muito criativo, foi um dos pioneiros da fusão desses dois estilos.

As antecipações das semicolcheias são muito usadas:

[Trilha 15]

Observe, na próxima trilha, como é importante a execução das síncopes na fusão do samba-*funk*.

[Trilha 16]

Este estilo pode ser tocado com técnicas de pizzicato ou de *slap*, e o timbre do baixo deve ser brilhante para que combine com a percussão, formada por tamborim, ganzá, cuíca e surdo. Nesta fusão, a percussão reforça o sentido do samba, enquanto que o baixo e a bateria criam o contraste com uma execução "funkeada".

As sétimas e terças devem ser muito exploradas, como pode ser observado a seguir.

[Trilha 17]

Exemplos para praticar [Trilha 18]

Trilha 19

Bom Começo

Samba-*Funk*

ADRIANO GIFFONI

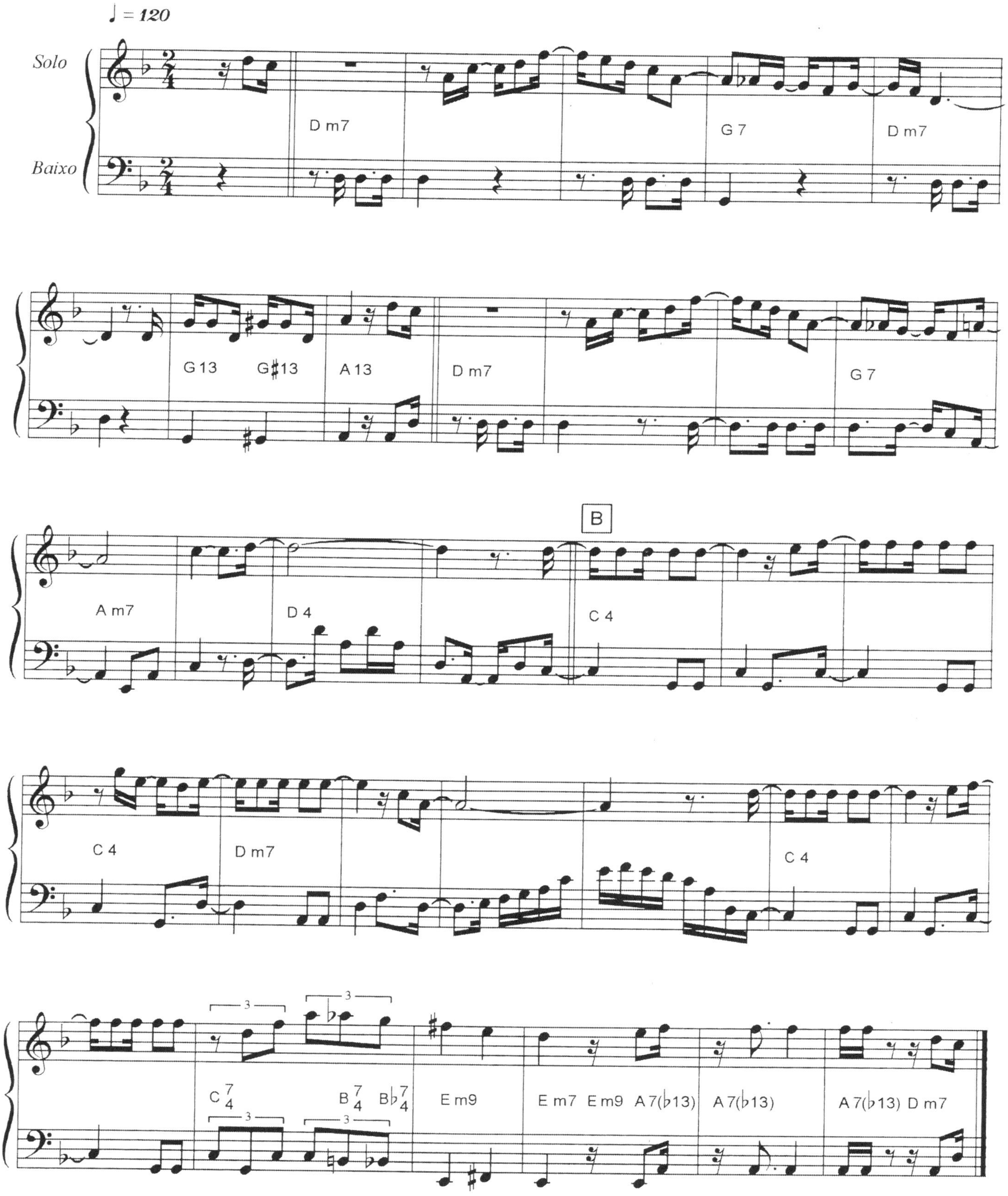

Sambaião

Como o nome indica, trata-se de uma mistura dos elementos do samba com o ritmo nordestino baião. Sua característica principal é a antecipação da última colcheia do compasso.

Trilha 20

As terças e sétimas devem ser muito valorizadas e a primeira nota do compasso é sempre a tônica.

Trilha 21

A sonoridade do baixo não deve ser muito aguda, pois este estilo inclui pouca percussão grave na formação da banda. É aconselhável usar um timbre mais *flat* para se obter melhor efeito, quando somado à execução do bumbo da bateria.

Referências discográficas   Madalena (Ivan Lins), A Rã (João Donato), Coqueiro Verde (Erasmo Carlos).

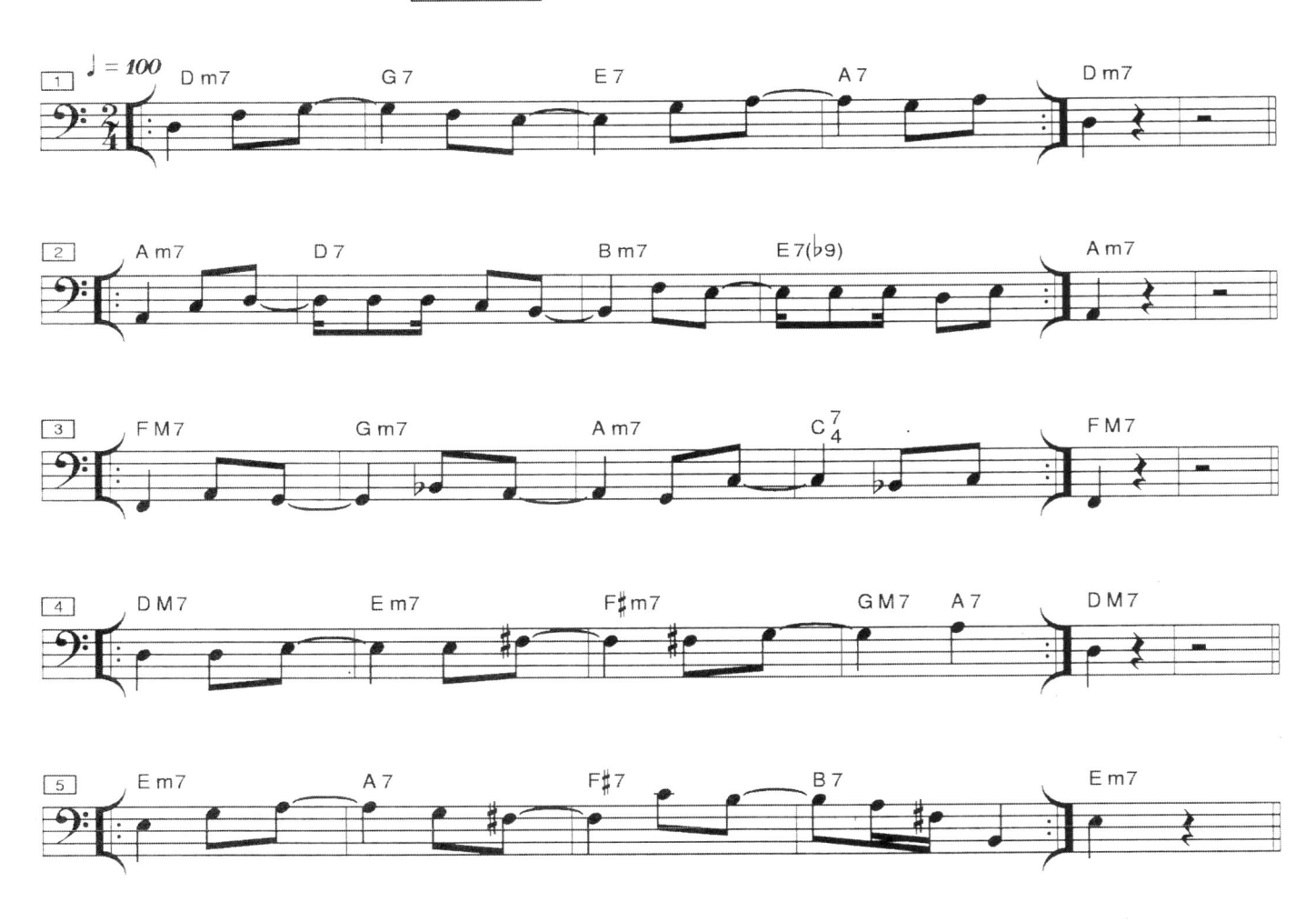

Exemplos para praticar   Trilha 22

Nem Lá, Nem Cá

Sambaião

ADRIANO GIFFONI

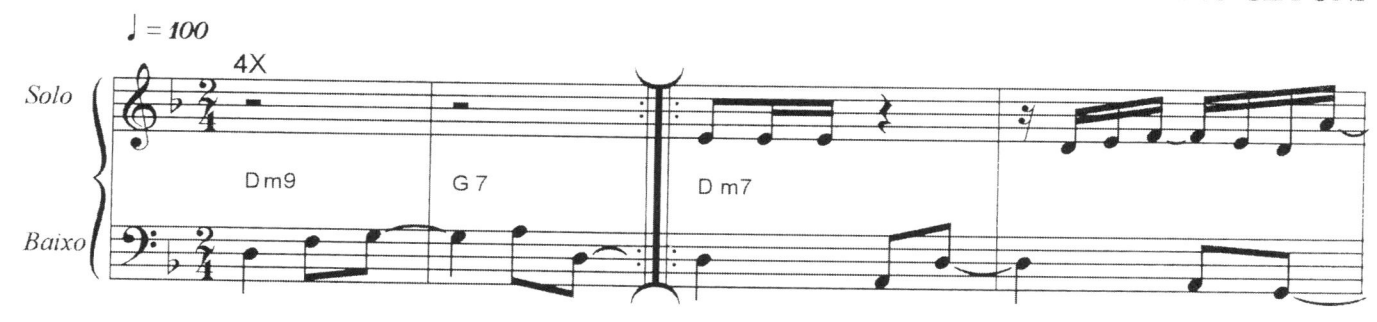

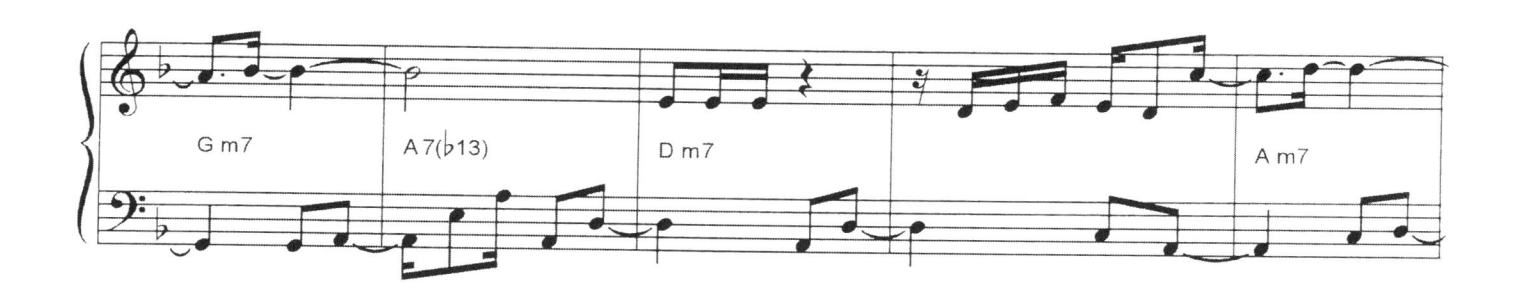

Sambão

É um tipo de samba tocado em andamento rápido (em torno de 120 bpm), no qual o baixista deve, geralmente, fazer a condução em semínimas, "economizando" notas na execução.

[Trilha 24]

No sambão, o baixo é baseado na execução do surdo das escolas de samba. Assim, é necessário pesquisar as variações feitas por este instrumento e utilizá-las como opção para a condução do baixo.

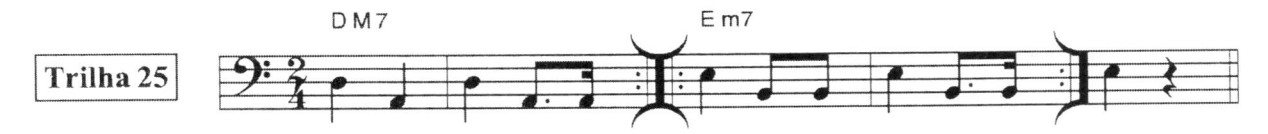

[Trilha 25]

As notas básicas para o baixo, neste estilo, são a tônica, a quinta grave e a terça.

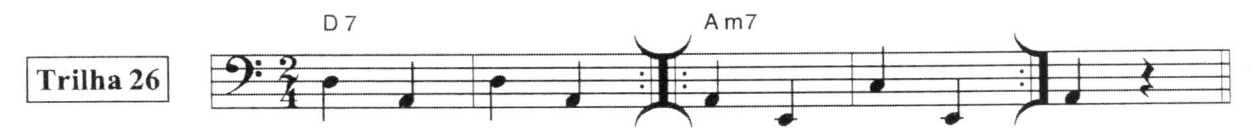

[Trilha 26]

A sonoridade do baixo deve ser aguda e a interpretação das notas, mais seca, de forma a proporcionar melhores resultados quando somadas à execução da bateria e da percussão.

Referências discográficas   Vira Virou / A Mocidade Chegou (Toco e Jorginho Medeiros), Viagem ao Templo da Criação (Martinho da Vila), O Que É O Que É (Gonzaguinha), Vai Passar (Chico Buarque de Holanda).

Exemplos para praticar

[Trilha 27]

Passarela da Alegria

Sambão

ADRIANO GIFFONI

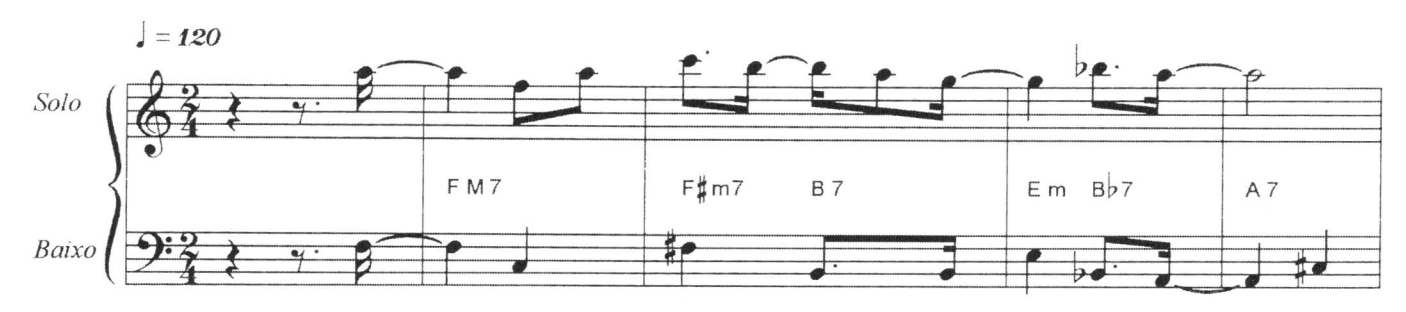

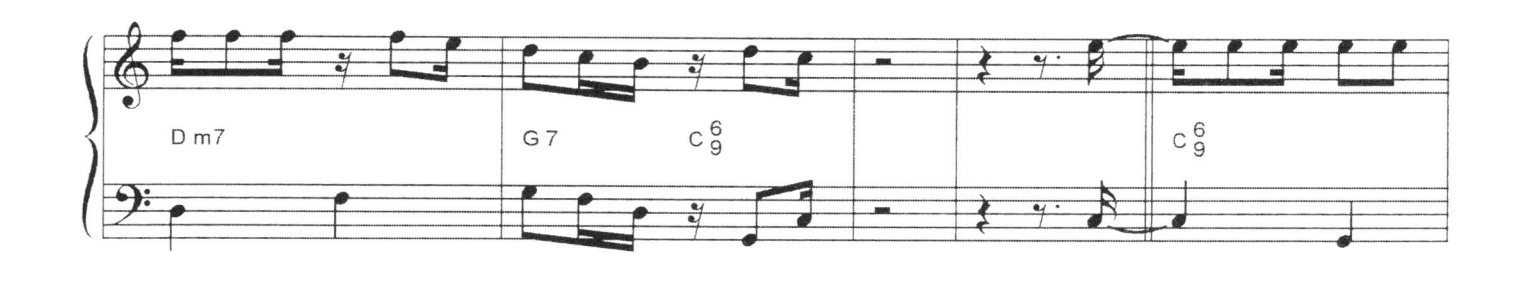

Dm7
A7
Dm
Dm(M7)
Dm7
G7
Dm7
G7
C6/9
Am7
Dm7
G7
C6/9
Gm7
C7
FM7
Dm7
G7
Em7
A7
Dm7
G7
C6/9

Samba-Canção

É a modalidade de samba com o andamento mais lento. Sua principal característica, em termos de escrita na pauta, é a constância da semínima pontuada e a colcheia em cada compasso.

Os intérpretes que mais se destacaram neste estilo foram Jamelão e Elizeth Cardoso, e um dos autores mais gravados foi Lupicínio Rodrigues.

Na gravação de baixo, Luizão Maia pode ser citado como um dos maiores destaques, com sua condução que incluía poucas notas mas muita criatividade nas passagens de acordes, além de extrair do instrumento uma sonoridade macia e ao mesmo tempo definida.

Trilha 29

Os cromatismos nas mudanças de compasso devem ser muito explorados para se obter uma interpretação característica:

Trilha 30

O timbre do instrumento deve ser grave e a execução com toque suave na mão direita. A técnica ideal, neste caso, é a de notas ligadas.

O baixo *fretless* (sem traste) e o acústico são os mais recomendados para o samba-canção, pois não produzem ataque metálico, causado pelos trastes.

Referências discográficas   Folhas Mortas (Ary Barroso), Nunca / Vingança / Esses Moços (Lupicínio Rodrigues), Lígia (Antônio Carlos Jobim)

Exemplos para praticar

Trilha 31

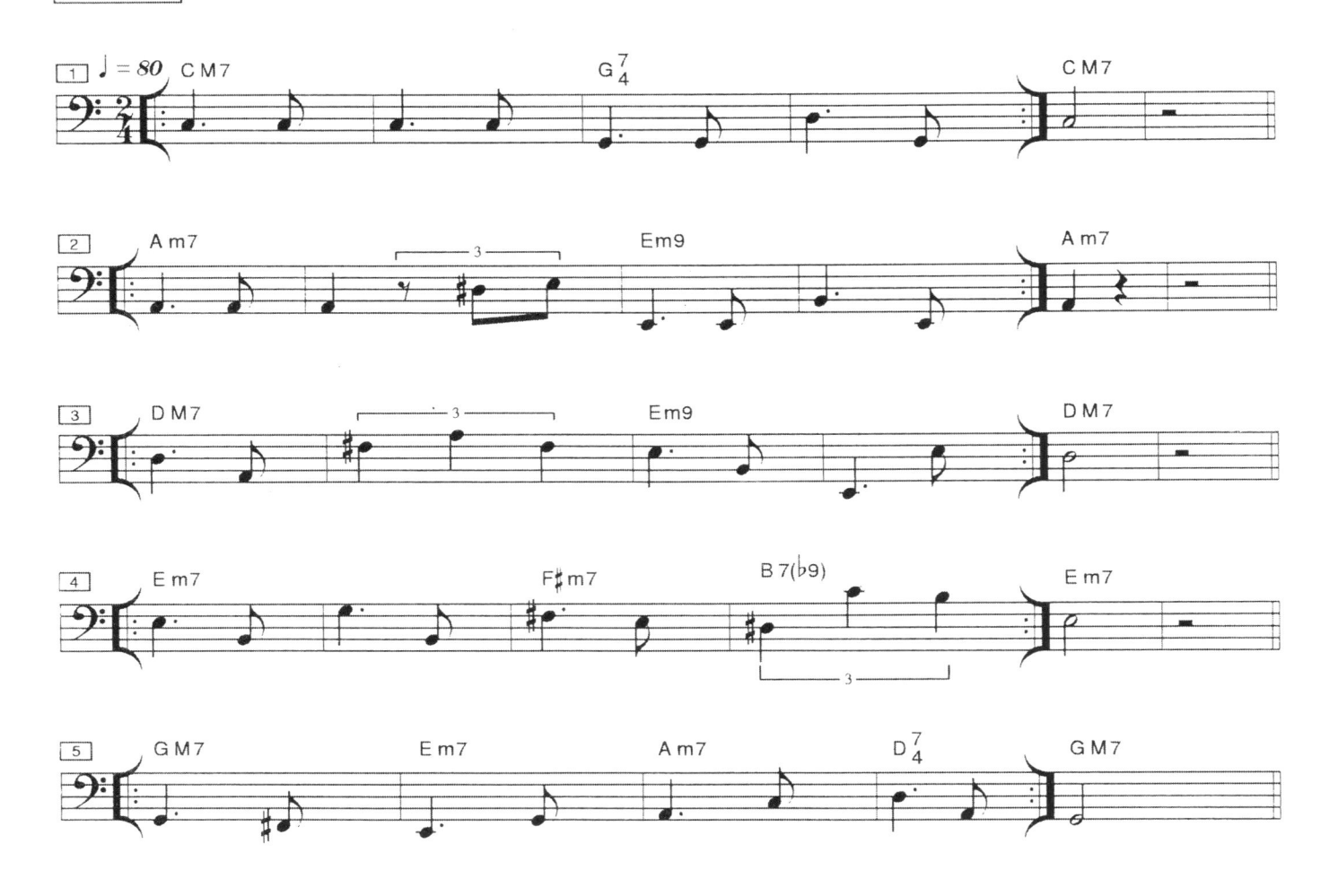

ALEX MALHEIROS E TIÃO NETO
Além de ter participado das gravações de inúmeros discos de MPB, Alex é baixista do grupo Azimuth, um dos primeiros conjuntos brasileiros a fazer sucesso internacional na área da música instrumental.

Tião Neto é baixista e compositor, e tocou durante muitos anos na banda de Tom Jobim e Sergio Mendes. Participou também de diversos discos no Brasil e nos Estados Unidos.

Lembranças da Bossa-Nova

Samba-Canção

ADRIANO GIFFONI

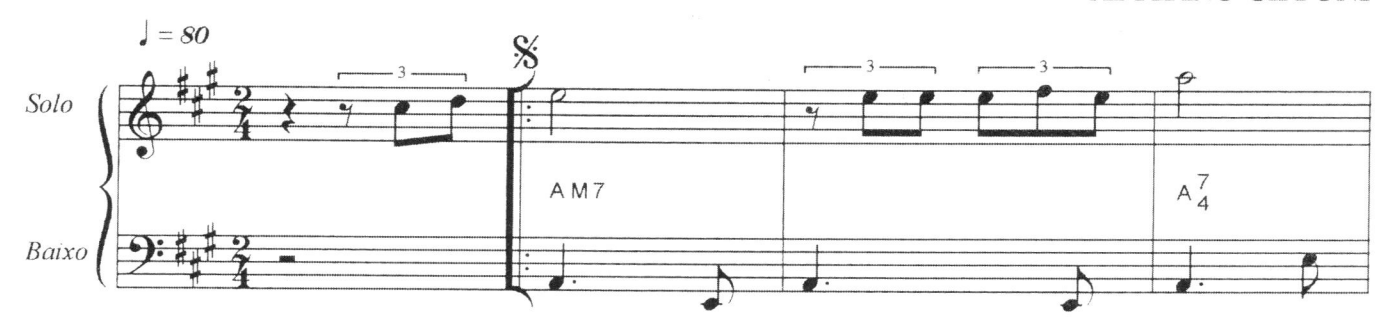

2.
B13
E7/4
AM7
AM7
D♯m9
G♯7
D♭M7
D♭M7
Dm9
G7
CM7
Bm7
E7/4
Ao 𝄋
e 𝄌
Bm9
E7/4
AM7

Slap no Samba

A técnica de *slap*, usada para tocar *funk*, funciona perfeitamente no samba, se o baixista tomar como referências rítmicas os elementos da percussão brasileira. Instrumentos como pandeiro, caixa, tamborim e surdo podem ser imitados pelo baixo, proporcionando um ótimo efeito para a condução do samba.

A simbologia adotada para anotar os efeitos necessários é a mesma que aparece usualmente nos métodos de *funk*:

>   T - dedo polegar
>
>   P - puxar a corda com o dedo indicador
>
>   x - nota morta (som percussivo)

Imitando o surdo — Trilha 33

Imitando o bumbo e a caixa — Trilha 34

Imitando o pandeiro — Trilha 35

Este tipo de execução cria um efeito muito percussivo e, quando é desenvolvido com precisão, proporciona, inclusive, uma base sólida para o baterista.

Exemplos para praticar — Trilha 36

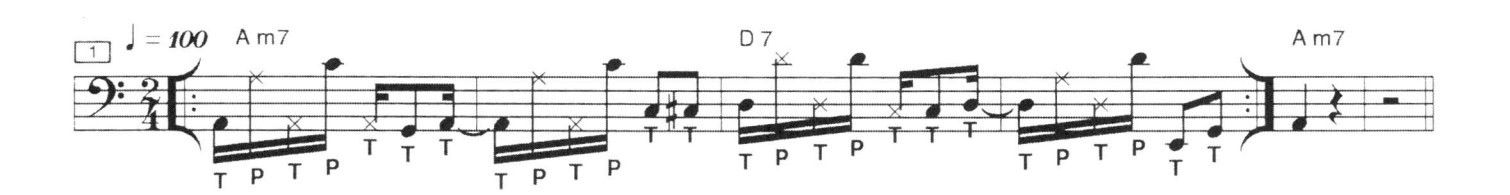

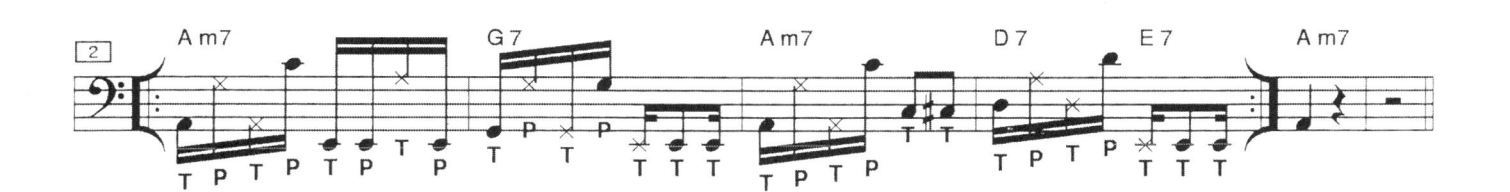

29

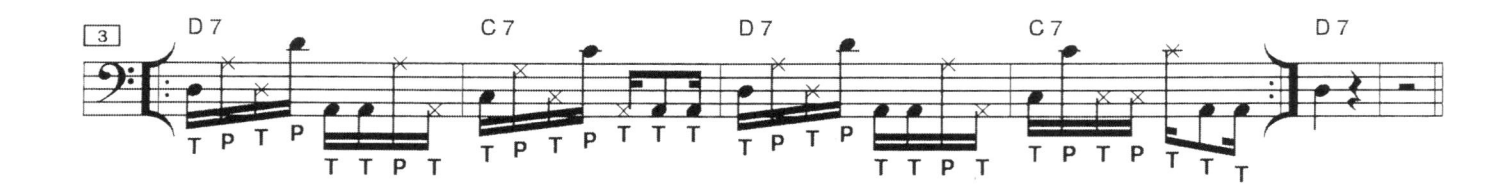

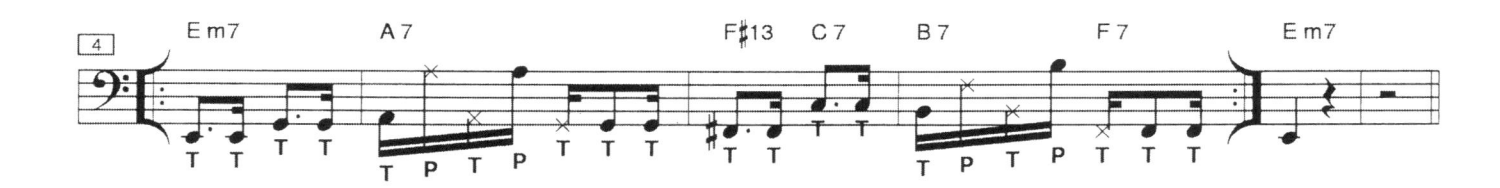

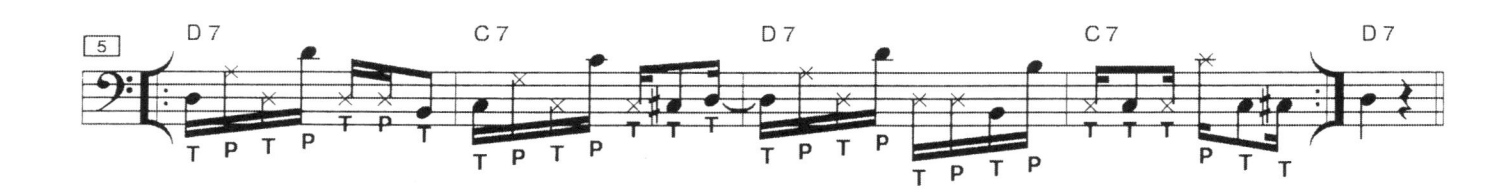

CELSO PIXINGA

Baixista e compositor, tocou com Gal Costa, Victor Biglione, Rique Pantoja, Nelson Ayres, Roberto Sion, Heitor TP e com o pianista cubano Gonzalo Rubalcaba. Participou do Free Jazz Festival 88, com seu trabalho solo e, em 1996, apresentou-se no Blue Note de Nova York. Possui seis discos solo gravados e três vídeos-aula, onde demonstra sua habilidade, principalmente com a técnica de *slap*.

AFOXÉ

Ritmo afro-brasileiro, muito difundido na cidade de Salvador (Bahia), no nordeste brasileiro, onde estão sediados os dois blocos mais famosos deste gênero: Filhos de Ghandi e Ilê Ayê.

O compasso usado para a escrita é o 4/4 e sua principal característica é o acento forte na primeira colcheia de cada tempo.

Trilha 37

A articulação das notas deve ser bem seca, principalmente nas colcheias.

Trilha 38

O melhor timbre do baixo, neste caso, é o agudo, para dar um bom efeito, quando somado aos instrumentos de percussão característicos do afoxé: congas, agogôs, ganzás e xequerês.

Um artifício muito importante é executar notas mortas ao invés de pausas. Desta forma, o baixista contribui com o *swing* do afoxé.

Trilha 39

Referências discográficas   Toda Menina Baiana (Gilberto Gil), Lua de São Jorge (Caetano Veloso), Grito de Guerra (Moraes Moreira), Meia Lua Inteira (Carlinhos Brown)

Exemplos para praticar   Trilha 40

JORJÃO CARVALHO

Baixista, compositor e arranjador, participou de gravações com Chico Buarque, Gal Costa, Ney Matogrosso, Maria Bethania, Moraes Moreira, Elba Ramalho, Miltom Nascimento e Edu Lobo, entre outros. Durante três anos foi diretor musical da cantora Simone, e no momento (1997), prepara-se para lançar seu primeiro CD solo "Um Caminho", composto basicamente de música instrumental.

Afoxé

Afoxé

ADRIANO GIFFONI

BAIÃO

Originário da região nordeste brasileira, este estilo é executado no compasso 2/4 e sua principal característica é a acentuação presente entre o final do primeiro tempo e o início do segundo, que acaba sendo apenas prolongamento.

Trilha 42

A tônica e a quinta dos acordes são muito usadas:

Trilha 43

As sétimas também dão um bom efeito no baião:

Trilha 44

A articulação das notas deve ser bastante percussiva e a sonoridade do baixo deve ser aguda para proporcionar bom resultado ao se tocar juntamente com o bumbo da bateria ou com os instrumentos típicos que são, geralmente, a zabumba e o triângulo.

Referências discográficas   Asa Branca / Juazeiro / Vem Morena, Que Nem Jiló (Luiz Gonzaga e Humberto Teixeira)

Exemplos para praticar   Trilha 45

TOINHO ALVES

Baixista, compositor, arranjador e integrante do conjunto Quinteto Violado de Pernambuco, que em 1997 comemora vinte e cinco anos de atuação. Desenvolve um trabalho de valorização e divulgação da música nordestina. Lançou, em 1997, a opereta infantil "O Rei e o Jardineiro", em parceria com o poeta paraense João de Jesus. Foi um dos pioneiros na utilização do baixo acústico em uma formação de música regional.

Lagoa da Canoa

Baião

ADRIANO GIFFONI e
MÁRIO ALVES

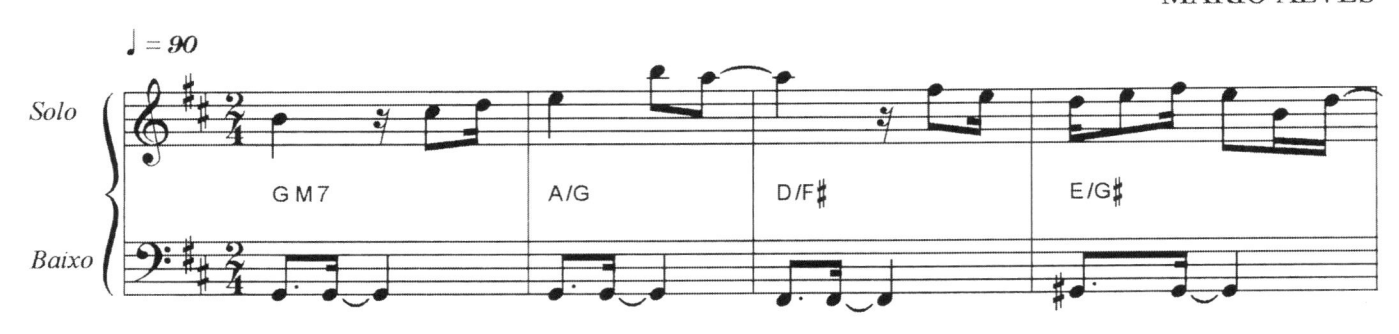

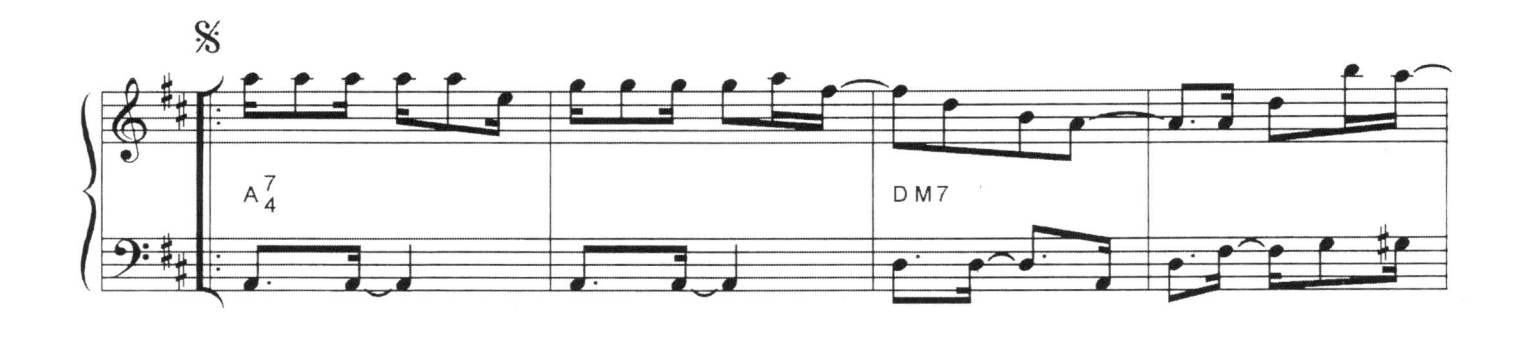

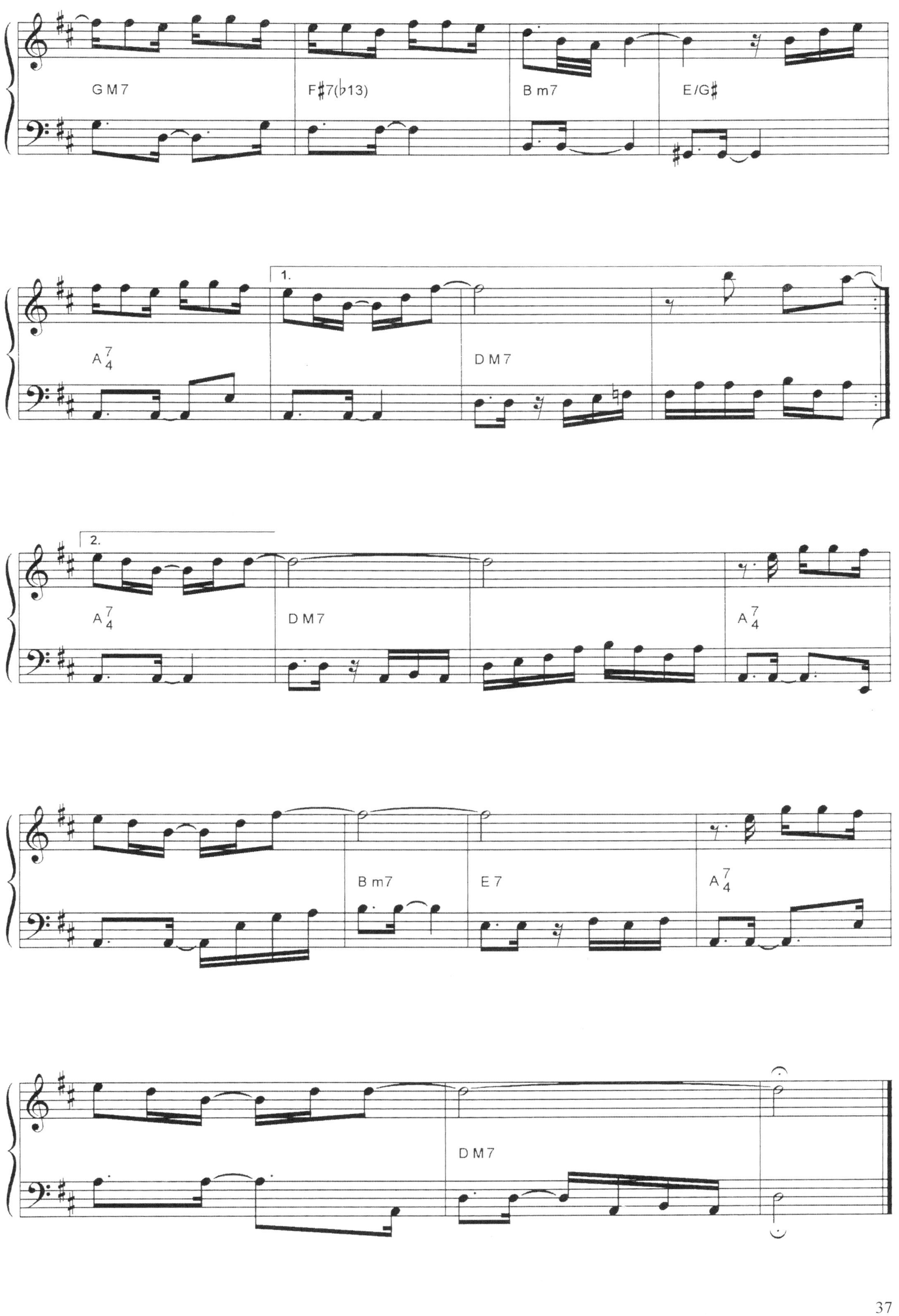
G M7
F♯7(♭13)
B m7
E/G♯
A7 4
1.
D M7
2.
A7 4
D M7
A7 4
B m7
E 7
A7 4
D M7

CIRANDA

Estilo proveniente do estado de Pernambuco, região nordeste brasileira. É interpretado por um cantor acompanhado de coral misto, tendo, ainda, na sua formação, a percussão composta por bumbo, ganzá e caixa com esteira.

O contrabaixo foi introduzido na ciranda com o surgimento dos grupos pernambucanos Quinteto Violado e Banda de Pau e Corda. Seu compasso é o 4/4 e sua principal característica é a acentuação no primeiro tempo de cada compasso.

Trilha 47

A primeira nota dos compassos é sempre a tônica e o baixista pode completar os tempos restantes com terças e quintas.

Trilha 48

Embora as semínimas sejam predominantes neste estilo, as síncopes podem ser executadas após cada primeiro tempo.

Trilha 49

Outras modalidades de ciranda são: cobiçada, ciranda do Baracho e ciranda imperial, todas originárias de Pernambuco.

Referências discográficas   Olinda / Cidade Maravilhosa / Vou Falar de Pernambuco (José de Lima e Silva) Não Vá Pro Mar / Ô Ciranda (Geraldo Barbosa), Esta Ciranda Quem Me Deu Foi Lia (Baracho), Baralho de Ouro (José Gonçalves Ramos)

Exemplos para praticar   Trilha 50

Os seguintes exemplos foram elaborados a partir da relação do baixo com a percussão e de várias referências desse estilo.

ZECA ASSUMPÇÃO

Baixista, compositor e arranjador, estudou na Berklee College of Music, em Boston, EUA. Tocou com Vitor Assis Brasil, Nelson Ayres, Joyce, Wagner Tiso, Elis Regina, Chico Buarque, Caetano Veloso e Benny Carter, entre outros. Durante quatro anos, tocou com Hermeto Pascoal e participou do Quinteto Radamés Gnatalli. Foi o fundador do Grupo Um e desenvolve um extenso trabalho em duo com Egberto Gismonti, com o grupo Academia de Danças. Participou ainda de diversas tournês pela Europa, Estados Unidos, América Latina, Austrália e Japão.

Ciranda Azul

Ciranda

ADRIANO GIFFONI

Trilha 51

XOTE

Muito executado no nordeste do Brasil, o xote, com sua formação original, é interpretado por um trio que contém a sanfona, o triângulo e a zabumba. O compasso usado é o 4/4 e o baixo faz a mesma condução que a zabumba.

Trilha 52

Antes das mudanças de compasso, é muito comum o uso de frases de preparação em colcheias.

Trilha 53

O baixista pode, ainda, criar preparações de apoio rítmico com notas mortas em colcheias, no meio do compasso.

Trilha 54

A interpretação deve ser suave e bem marcada, de forma a fornecer a base para os instrumentos de harmonia e percussão. As quintas, as notas de tensão e os cromatismos fazem parte das características do xote.

Trilha 55

Referências discográficas   Metido a Besta (Adriano Giffoni), Cintura Fina (Luiz Gonzaga e Zédantas), Respeita Januário (Luiz Gonzaga e Humberto Teixeira), Xote da Luzia (Alcides Lima), Severina Chique Chique (Genival Lacerda)

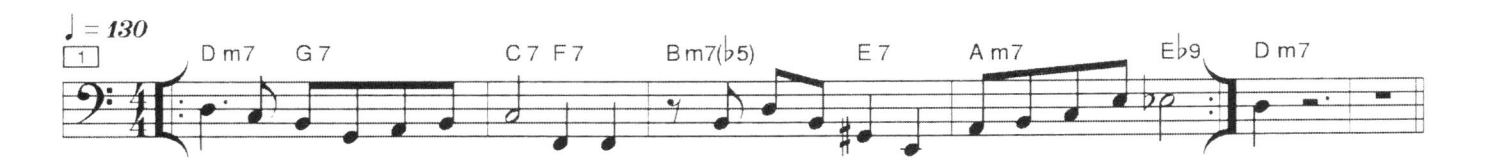

Exemplos para praticar   Trilha 56

3
Am7 E7 Am7 E7 Am7
4
A7 E7 A7 A7
5
C7 F7 C7
6
Dm7 Gm7 C7 F7 A7 Dm7
7
E7 A7 E7 C7 B7 E7
8
A7/4 D7 G7/4 C7 3 E7 A7/4
9
Am7 E7 Am7 E7 Am7
10
D7 G7 A7 D7 G7 A7 D7

Metido a Besta

Xote

ADRIANO GIFFONI

♩ = 120

MARACATU

Originário de Pernambuco, região nordeste brasileira, é muito conhecido também nos estados do Maranhão e do Ceará.

Na formação original, os grupos de maracatu não usam contrabaixo, logo, os exemplos citados a seguir foram criados a partir de elementos rítmicos e referências melódicas desse estilo e, principalmente, da variante maracatu de baque virado de Pernambuco. O compasso usado é o 2/4 e o ritmo básico é marcado pela pausa de semicolcheia e pela colcheia pontuada (sempre acentuada), que podem aparecer no primeiro ou segundo tempo do compasso.

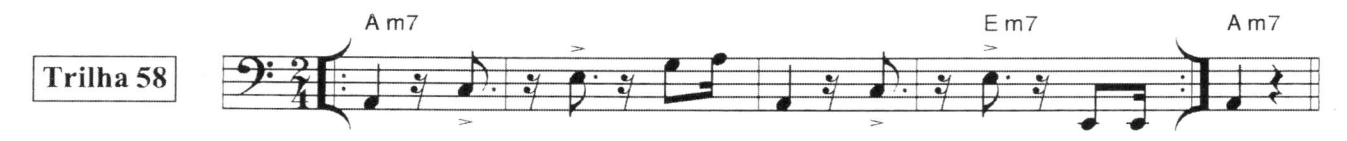

Trilha 58

O baixista faz a condução passando pelas sétimas e quintas dos acordes.

Trilha 59

A sonoridade do instrumento deve ser aguda, para se destacar na formação básica que contém muita percussão, e as notas devem ser tocadas com pouco *sustain* (prolongação) para dar um efeito percussivo, quando somadas ao bumbo da bateria e à caixa com esteira tradicional usada no maracatu.

Referências discográficas   Coroa Imperial (Paulo Lopes e Sebastião Lopes), Leão Coroado (Sérgio Cassiano), Maracatu Misterioso (Marcelo Varela e Marcelo Madureira)

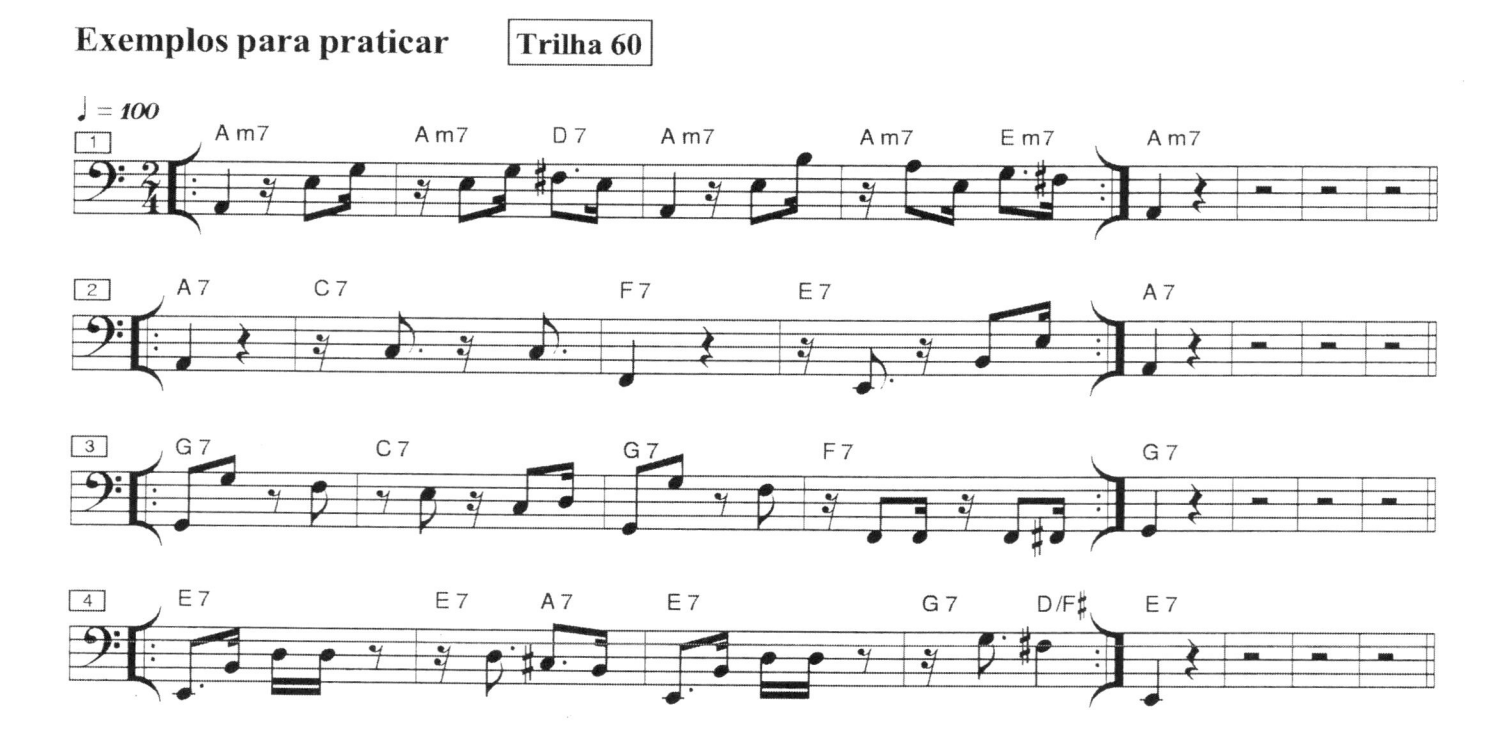

Exemplos para praticar   Trilha 60

JAMIL JOANES

Baixista e compositor, participou de shows e gravações com diversos artistas. É um dos músicos mais requisitados para gravações. Participou da fundação da Banda Black Rio e tocou com Gonzaguinha, Elba Ramalho, Gal Costa, Luiz Melodia, João Bosco, Angela Maria, Fagner, Ricardo Silveira, Cama de Gato e Antonio Adolfo, entre outros.

Maracatu à Toa

Maracatu

ADRIANO GIFFONI

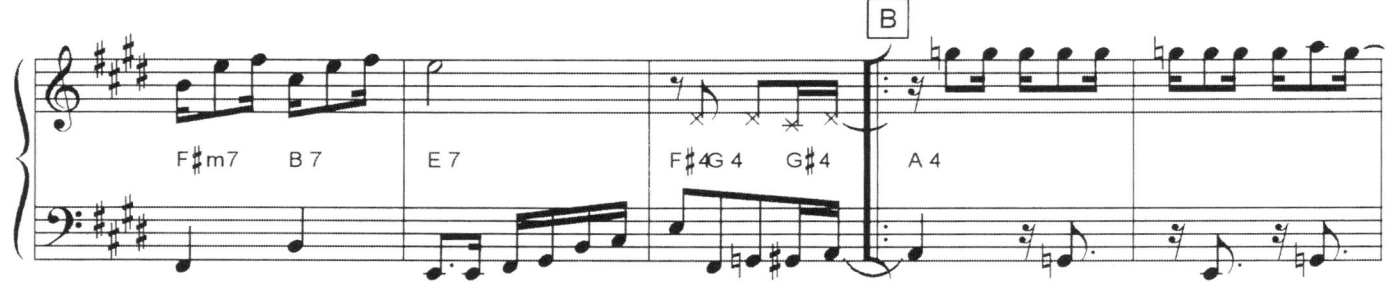

FREVO

Tradicional do estado de Pernambuco, região nordeste brasileira, é muito executado no carnaval. Os grandes divulgadores do frevo foram as orquestras de Guedes Peixoto e do Maestro Duda, entre outras; na área da composição, Capiba e Nelson Ferreira, todos de Recife.

Originalmente, a tuba era o instrumento que fazia a parte do baixo mas, gradativamente, foi substituída pelo baixo elétrico.

Em Salvador, capital da Bahia, o frevo ganhou uma "roupagem" eletronizada. O precursor desta inovação foi o trio elétrico de Dodô e Osmar.

É tocado no compasso 2/4 e tem como característica a acentuação forte do segundo tempo.

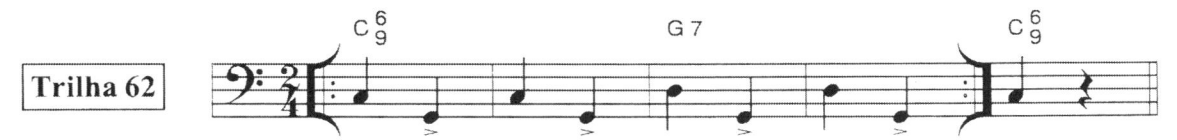

[Trilha 62]

A condução é feita, basicamente, executando-se semínimas, sendo necessário reforçar algumas convenções feitas pelos sopros e percussões.

[Trilha 63]

A interpretação das notas deve ser feita com pouco *sustain*, e o timbre do instrumento, fechado, para simular o som da tuba.

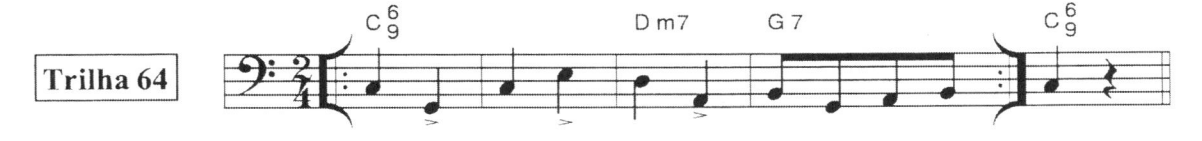

[Trilha 64]

Referências discográficas   Frevo Mulher (Zé Ramalho), Atrás do Trio Elétrico / Chuva, Suor e Cerveja (Caetano Veloso), Nas Quebradas (Hermeto Pascoal), Vassourinhas (Matias da Rocha e Joana Batista Ramos)

Exemplos para praticar   [Trilha 65]

DÉCIO ROCHA

Baixista, compositor e arranjador, iniciou sua carreira tocando em bailes no Recife, Pernambuco, nos anos 70. Desenvolveu extensa pesquisa de ritmos e instrumentos brasileiros, o que o levou a participar da Banda de Pau e Corda e do grupo Uroruba, entre 1987 e 1989. Em 1996, lançou seu primeiro CD solo "Talvez não seja assim".

Ladeiras de Olinda

Frevo

ADRIANO GIFFONI e
MÁRIO ALVES

QUADRILHA

Muito conhecida em todo o nordeste brasileiro, a quadrilha é um dos ritmos mais importantes das festas folclóricas de São João e São Pedro, que ocorrem durante o mês de junho.

A formação original dos grupos de quadrilha é feita com sanfona, zabumba e triângulo, sendo que em gravações, também usa-se o baixo, a exemplo de Luiz Gonzaga e Trio Nordestino, entre outros. Ao executar baixo, neste estilo, as figuras que devem predominar são as semínimas e as colcheias. Estas últimas, quando estiverem no segundo e no quarto tempos, são mais acentuadas.

Trilha 67

O compasso usado para notação é o 4/4 e uma das características marcantes são as aproximações diatônicas com colcheias.

Trilha 68

As quintas dos acordes são também importantes e podem ser executadas como primeira nota de cada compasso, substituindo a tônica.

Trilha 69

A sonoridade do baixo pode ser grave e as notas devem ser executadas com pouco *sustain*, completando o balanço feito pela sanfona, zabumba e triângulo.

Referências discográficas Olha pro Céu (Luiz Gonzaga e J. Fernandes), Chegou a Hora da Fogueira (Lamartine Babo), Prece a Santo Antônio (Paquito e Romeu Gentil) O Sanfoneiro só Tocava Isso (H. Lobo e G. Fernandes)

Exemplos para praticar Trilha 70

3
A7 E7 D7 A7 A7
4
G7 C7 D7 G7 D7 G7
5
Dm7 Gm7 C7 F7 A7 Dm7
6
F7 B♭7 G7 C7 F7
7
C 6/9 G7 C 6/9 G7 C 6/9
8
Am9 Dm9 G7 CM7 E7 Am9
9
C 6/9 Dm7 Em7 F7 G7 CM7 C 6/9
10
G7 C 6/9 G7 C 6/9 C 6/9

Alegria Nordestina

Quadrilha

ADRIANO GIFFONI

SLAP NA MÚSICA BRASILEIRA

O baixista pode obter um bom efeito executando a técnica de *slap* na música brasileira. Para tal, é necessário combinar a execução normal com a de notas percussivas, em *slap*. Assim, as conduções podem ter mais balanço.

Os exemplos a seguir foram criados a partir das referências rítmicas dos intrumentos de percussão de cada estilo descrito neste método.

Simbologia adotada:
- **T** - bater com o dedo polegar
- **P** - puxar com o dedo indicador
- **PH** - ligaduras com puxada do dedo indicador
- **TH** - ligaduras com batida do dedo polegar

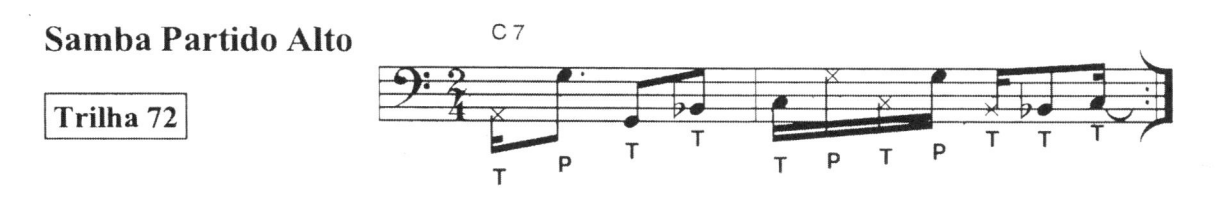

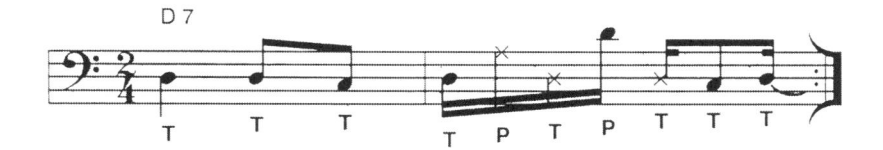

Samba Partido Alto

Trilha 72

Samba-*Funk*

Trilha 73

Exemplos para praticar

Samba Trilha 74

Partido Alto Trilha 75

Samba-Funk Trilha 76

ANDRÉ NEIVA

Baixista, compositor e arranjador, tocou com Luiz Melodia, Tim Maia, Tunai, Martinho da Vila, Claudio Nucci e Claudio Zoli, entre outros. Na área da música instrumental, tocou com Victor Biglione, Mauro Senise, Claudio Infante, Robertinho Silva, Aécio Flavio e Leo Gandelman. Em 1997, lança seu primeiro CD solo, no qual se destaca a sua notável técnica para solos no instrumento.

BAIXO DE CINCO CORDAS NA MÚSICA BRASILEIRA

A execução do baixo de cinco cordas é perfeitamente adaptável em todos os estilos da música brasileira.

A corda si grave pode reforçar as convenções e criar novas possibilidades nas conduções, devido ao aumento de notas disponíveis.

O baixista deve minimizar o uso da quinta corda para criar contraste, utilizando-a somente quando necessita, efetivamente, de notas bem graves, que proporcionam bom efeito na mudança de oitavas.

Baião

Trilha 82

Os cromatismos dão um bom efeito com o uso da quinta corda:

Samba

Trilha 83

As notas graves longas são recomendáveis em harmonias com baixo pedal, introduções e finais de músicas.

Pedal

Trilha 84

Final

Trilha 85

Exemplos para praticar

Samba Partido Alto | Trilha 86 |

♩ = 90, Em9

Baião | Trilha 87 |

♩ = 100, C7 ... C7

Maracatu | Trilha 88 |

♩ = 90, D13 ... C13 ... D13

Samba-Funk | Trilha 89 |

♩ = 100, Am7 ... D7 ... E7

Samba | Trilha 90 |

♩ = 80, C6/9 ... G4 ... C6/9 ... G4 ... C6/9

JORGE PESCARA

Baixista, compositor e professor. Desenvolve um trabalho didático sobre o contrabaixo, e é autor do livro "Arthur Maia Transcriptions" e do vídeo-aula "O Contrabaixo Completo". Atualmente, escreve matérias sobre o instrumento, para as revistas Backstage, Música e Tecnologia, Tok Para Quem Toca e Cover Guitarra. Foi vencedor do I Concurso Nacional de Composição e Interpretação para Contrabaixo Elétrico, UNESP 1991.